中小学生
生态文明教育知识

常晓鹏 蒋 茂 编著

应急管理出版社
·北京·

图书在版编目（CIP）数据

中小学生生态文明教育知识／常晓鹏，蒋茂编著.
北京：应急管理出版社，2024. -- ISBN 978-7-5237
-0622-0

Ⅰ. G634.983

中国国家版本馆 CIP 数据核字第 2024BY0930 号

中小学生生态文明教育知识

编　著	常晓鹏　蒋　茂	
责任编辑	郭浩亮	
封面设计	何洁薇	

出版发行	应急管理出版社（北京市朝阳区芍药居 35 号　100029）
电　话	010 - 84657898（总编室）　010 - 84657880（读者服务部）
网　址	www. cciph. com. cn
印　刷	天津睿意佳彩印刷有限公司
经　销	全国新华书店

开　本	$710\text{mm} \times 1000\text{mm}^1/_{16}$　印张　$6^1/_2$　字数　80 千字
版　次	2024 年 7 月第 1 版　2024 年 7 月第 1 次印刷
社内编号	20240401　　　　　定价　29.80 元

序 言

生态文明，是以人与自然、人与人、人与社会和谐共生、良性循环、全面发展、持续繁荣为基本宗旨的社会形态，是人类文明的一个新的发展阶段。生态文明以尊重和维护自然为前提，以人与自然、人与人、人与社会和谐共生为宗旨，以建立可持续的发展和消费为内涵，引导人们走可持续、绿色、和谐的发展道路。

我国人民自古以来尊重自然、热爱自然，绵延5000多年的中华文明孕育了丰富的生态文化。《礼记》中说："草木零落，然后入山林。"《孟子·梁惠王上》中说："数罟不入洿池，鱼鳖不可胜食也；斧斤以时入山林，材木不可胜用也。"《荀子·王制》中写道："草木荣华滋硕之时，则斧斤不入山林，不夭其生，不绝其长也。鼋鼍、鱼鳖、鳅鳝孕别之时，罔罟毒药不入泽，不夭其生，不绝其长也。春耕、夏耘、秋收、冬藏，四者不失时，故五谷不绝，而百姓有余食也。污池、渊沼、川泽，谨其时禁，故鱼鳖优多，而百姓有余用也。斩伐养长不失其时，故山林不童，而百姓有余材也。"《吕氏春秋》中也有着同样的思想："竭泽而渔，岂不获得？而明年无鱼。焚薮而田，岂不获得？而明年无兽。"中国古人主张"天人合一""道法自然"，其本质就是强调人与自然的和谐共生，

《庄子》中就有"天地与我并生，而万物与我为一"的观点。中华文明的精神内核与生态文明的内在要求基本一致，从政治、社会制度到文化、哲学、艺术，无不闪烁着生态智慧的光芒，这也成为中华文明绵延不绝的重要原因。

我国历来高度重视生态文明建设。党的十八大以来，以习近平同志为核心的党中央，把生态文明建设摆在全局工作的突出位置，把生态文明建设作为统筹推进"五位一体"总体布局和协调推进"四个全面"战略布局的重要内容，提出一系列新理念新思想新战略，形成了习近平生态文明思想，为新时代大力推进生态文明建设提供了根本遵循，指明了实践路径。

"生态兴则文明兴，生态衰则文明衰。"生态文明建设是关系人民福祉、关乎民族未来的千年大计，是实现中华民族伟大复兴的重要战略任务。中小学生作为未来生态文明建设的主力，正处于行为习惯和价值取向的养成时期，学习知识快，可塑性强，对他们进行生态文明教育有助于培养和树立正确的生态价值观念，切身践行人、自然、社会三者和谐共处、共同发展的宗旨；有助于树立健全的人格，促进学生的全面发展；更有助于培养人才，保证我国的可持续发展战略和生态文明建设顺利进行。基于此，我们编写了这本《中小学生生态文明教育知识》，让学生们了解生态文明知识，学习习近平生态文明思想的科学内涵、时代价值，深刻理解倡导生态文明建设的重要性，并从日常小事做起，积极参与到生态文明建设中，为生态文明建设贡献自己的力量。

目 录

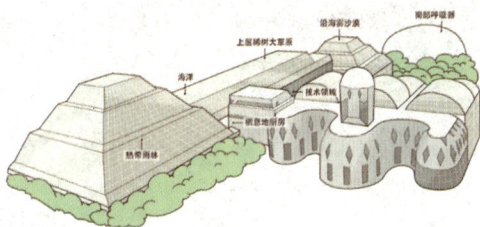

第三章　学习生态文明知识

第四章　倡导生态伦理道德

第五章　做生态文明的践行者

环保袋

第一章

认识生态系统

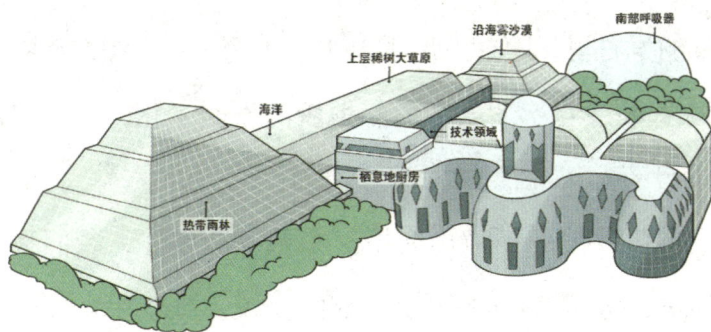

上层稀树大草原　沿海雾沙漠　南部呼吸器

海洋

技术领域

栖息地厨房

热带雨林

一、动态平衡的生态系统

在我们赖以生存的地球上，人类、动物、植物等生物与山川、平原、海洋等环境之间相互影响、相互制约，共同构成了一个动态平衡的生态系统。

我们脚下的这颗星球，已经存在约有 46 亿年了。在这段漫长的岁月里，地球上出现过很多生物，也有很多生物灭绝了。地壳和板块不断变化，造成地形和地貌的不断变化，同时也影响着气候和生物的分布。

地球上的生物群和环境构成了一个系统的整体，我们称之为生态系统。生态系统的范围可大可小：往大了说，整个宇宙就是一个生态系统，各个星系与星球之间相互作用；往小了说，一片森林也是一个生态系统。地球上的生态系统在一定的时期内处于相对稳定的状态，这就是动态平衡的生态系统。

在我们的生活中，大气、水源、动物、植物等都处于一种平衡的状态，维持着微妙的平衡关系。世界上没有绝对的、静止的平衡，所谓的平衡都是相对的、动态的，通过生态系统中的生物和环境不断增减、改变和调控，最终达到平衡的状态。我们所说的生态系统平衡，就是指生态有着合理的组成成分，能量与物质等的输入和输出比例在较长时间内趋向相等，结构和功能都处于稳定的状态。这是经过长期的演化而逐渐形成的，即便被外界干扰，生态也能通过自我调节，在较短时间内恢复。例如，热带雨林就是一个成熟的生态系统，具有复杂的食物结构，以及完善的能量流动、物质循环和信息传递功能。在气候条件和人类活动不变的情况下，一旦发生自然灾害，便能依靠自身强大的调节机制，恢复平衡。

我们所说的生态平衡，通常是指两个方面的平衡：一方面是指生态系统中，动物、植物、微生物等生物种类和数量比例相对稳定；另一方面则是指阳光、水、空气、土壤等自然环境相对稳定。在自然界中，这两方面并非独立存在，而是相互联系、相互制约的统一综合体。这就是说，在生态系统中，生产者、消费者和分解者之间是相互联系、相互依存的，如果其中某些因素发生巨大改变，将会引起一系列的连锁反应，动态平衡就会被破坏。

人类作为生态系统中的重要组成部分，已经认识到只有维持生态平衡，才能拥有适宜的生存环境和稳定的物质资源。正是基于这一点，我们采取了退耕还林、植树造林、建立自然保护区等措施，以维持生态系统的平衡。

在 2000 多年前，庄子就曾有过"天地与我并生，而万物与我为一"的观点，这一早期关于生态哲学的重要思想，将人与自然紧密联系到一起。而现在，我们更加确信，只有维护好生态系统的平衡，整个社会才能有序发展。

二、自然生态系统

自然生态系统是指在一定时间和空间范围内，依靠自然调节能力维持着相对稳定的状态。

自然生态系统承担着非常重要的功能，它能够净化空气与水源，缓解干旱，调节气候，维持土壤肥力，分解废物，保护生物多样性，为生物提供食物和赖以生存的栖息环境，还能为人类提供药材、燃料、木材、食物等生活必需品，是我们最需要保护的生态系统。

自然生态系统可以分为水域生态系统和陆地生态系统。水域生态系统是以水为基质的生态系统，又分为湿地生态系统、淡水生态系统和海洋生态系统。湿地生态系统包括湿地、沼泽、池塘、红树林等，这些地方不仅可以补充地下水资源，也是水禽、鱼类等生物的栖息地。淡水生态系统包括河流、湖泊等，这里生活着大量藻类、鱼类。淡水是人类的重要资源，它在调节气候等方面发挥着重要作用。海洋生态系统包括大西洋、太平洋、印度洋和北冰洋等，这里生活着浮游生物、藻类、鱼类、海洋哺乳动物和无脊椎动物。这些生物群落受温度、盐度、光照等非生物因素影响比较大，稍有破坏就可能打破生态平衡。

陆地生态系统主要包括热带雨林、热带草原、荒漠、针叶林、冻原等，是以陆地土壤等为基质的生态系统。热带雨林主要位于赤道附近，动植物种类繁多，群落结构复杂，环境较为稳定；热带草原相较于热带雨林要干旱许多，这里的动植物因受降雨量的影响，不同年份或不同季节种群密度和结构都会发生变化，景观区别也很大；荒漠的降水量更少，这里植物稀少，动物种类很少；针叶林则出现在低纬度的高山地区和温带、寒带，这里的动植物种类较多；在欧亚大陆和北美的高纬度地区以及寒温带的山地和高原都有冻原，这里夏季短暂，冬季漫长而寒冷，生活着很多耐寒的动植物。

自然生态系统的重要特点，就是它能够通过自我调节的方式，维持系统内部的稳定或平衡。自然生态系统中某一方面发生变化，一定会引起其他方面发生变化，这种影响和反馈，让生物与环境之间以及各个生物种群之间不断调节，最终趋向平稳的状态。

三、人工生态系统

由人类对自然进行开发、干预和改造后形成的生态系统，被称为人工生态系统。它与自然生态、人类活动和社会经济水平息息相关，对人类的衣食住行产生影响，人类活动会引起气候、地貌、动植物习性等的变化，生产力和生产关系会制约人类活动及对环境的改造，三者相互影响和相互促进，最终形成良性循环。

人工生态系统主要包括农田生态系统、城市生态系统等。农田生态系统是指人类在以农作物为中心的农田中，利用昆虫、鸟类、植物等的相关关系，通过合理的生态结构和生态机能，进行能量转化和物质循环，并按人类社会的需要进行物质生产的综合体。农田生态系统是人类积极利用土地、自然，干预自然、作物而产生的结果。在特定的环境下，农田生物与非生物环境之间相互影响，完成供养人类的重大使命。农田生态系统也有一些自然生态系统的特征，受到光照、温度、降水、土壤肥力等的影响。当农田被废弃时，这里的生态也会迅速发生演变，变回自然生态系统。

世界各地的城市都属于城市生态系统。这是一个综合生态系统，由自然环境、社会经济和科学文化技术共同组成。城市生态系统是人类居住和活动的重要场所，人们兴建了大量房屋建筑和基础设施，以满足生产、生活的需要。城市生态系统的独特之处在于，人类能够从其他生态系统中输入需要的绝大部分能量和物质，同时又将城市生产、生活中产生的废物输送到其他生态系统中。因此，城市生态系统对其他生态系统的依赖性很大，也会对其他生态系统造成巨大的冲击。

除了农田生态系统和城市生态系统，人工生态系统还包括人工林生态系统和果园生态系统等，它们有以下 4 个特征：具有社会性，即它们会受到人类社会的强烈干预与影响；具有不稳定性，它们会受到各种环境因素的影响，也会随着人类活动而改变，自我调节能力较差；

它们本身很难自给自足，通常要依赖其他系统，受外部调控，开放性较高；它们通常都是由自然环境、社会环境和人类组成，系统运行的目的是满足人类的需要，人们必须遵循生态规律和经济规律进行生产、生活活动，才能维持系统的稳定。

如果将自然生态系统比作提供社会所需物质的供方，那么人工生态系统就是向自然生态系统索取物质的需方。只有供需双方力量达到一种相对平衡的状态，才能够维持生态系统的稳定。

四、生态系统的物质循环

地球上的生物，无论是花草树木，还是昆虫动物，绝大多数都是由碳、氢、氧、氮、磷、硫、钾、钠、铝、镁、氯等元素组成的。这些元素不会随着生物体的消亡而彻底消失，而是会以其他方式留存下来。

在生物系统中，生物体从自然环境中获取自身所需要的物质与元素，又将一些物质与元素释放到自然环境中。物质从无机环境到生物群落，又从生物群落回到无机环境中的循环过程，被称为生态系统的物质循环。

在生态系统内，物质或元素沿着一定的路线从环境到生物体，再从生物体回到环境。根据物质循环的范围和周期，我们可以将其分成地质大循环和生物小循环。地质大循环是指生物体从环境中吸收物质或元素，然后再以死体、残体或排泄物等方式让这些物质或元素返回大自然。这种方式具有范围大、周期长、影响广的特点。生物小循环则是指物质或元素在被生物体吸收和排出后，很快再被其他生物利用。

它是一个范围小、速度快的物质循环，是开放式循环。如果按照物质或元素在循环中的形式和时间长短分类，物质循环可以分成气体性循环和沉积性循环，分别代表着二氧化碳、氮气、氧气、水蒸气等气体形式的物质循环和磷、硫、碘、钠、钙、铁、镁、铜等元素的循环。

许多物质必须以水溶液的形式才能被植物吸收而进入生态系统，并经过食物链继续进行传播，因此水循环被认为是物质循环的基础。通常，在自然条件下，生态系统对物质循环有一定的调控作用，再加上生物体所必需的碳、氧、氮等物质储存量充足，对物质循环过程中的变化能够迅速做出调整，从而维持物质循环的稳定和平衡。但生态系统对物质循环的调节能力毕竟有限，一旦物质循环出现问题，生态系统就会被破坏。

生态系统中物质循环的速度会受到各种因素的影响，动植物的生长速率、有机物质的分解速率、土壤酸碱度等因素都能够影响物质循环。对物质循环速率影响最大的是人类的活动。工业革命后，人类社会高速发展，人们大量使用化石燃料，使得空气中粉尘、一氧化碳和氮氧化物的含量持续上升，造成空气污染。另外，人们大量砍伐树木，致使水土流失严重，土壤和植被遭到严重破坏，进而影响了整个生态系统。

如今，人类已经认识到保护生态环境的重要性。在农业生态系统中，作物的秸秆已经较少采用燃烧的处理方式，而是将部分有机物质作为饲料使用，剩下的有机物质混合牲畜排泄物用作沼气池的原料，沼气池内发酵后的残留物又可以作为农作物的肥料。这不仅使有机物质发挥了更大作用，还为培养土壤肥力和增加畜牧产量创造了有利条件，是合理利用资源、保护生态环境的典范措施。

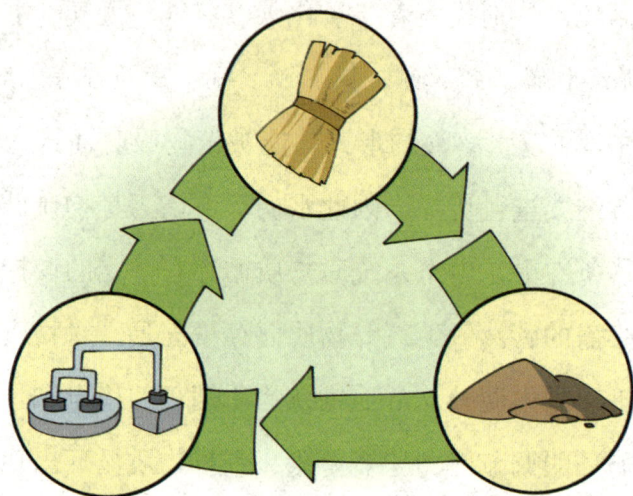

　　生态系统中的物质循环是生物得以生存和繁衍的基础，正因为有物质循环的存在，环境才能不断更新并越来越适合生物生活。因此，保护生态系统中物质循环的正常运行，就是在保护生态系统。

五、生态系统的能量流动

生态系统的正常运转，需要能量的支持。太阳能、风能、水能、氢能、地热能等能源广泛存在于自然界中，它们在一定条件下转化为能量，但是能量并不是一成不变的，而是存在着一定的流动性。

生态学家雷蒙德·林德曼对一个面积 50 万平方米的湖泊进行了一系列的野外调查和研究。他发现，按照食物链顺序，当绿色植物被动物摄食，食草动物被食肉动物摄食时，食物链低端的物种能够带给食物链高端物种的能量总是远远小于自身的能量。1942年，他提出了生态系统中的物质和能量能从一种生物转移到另一种生物，并遵循着一定的定量的观点，这就是能量流动。

生态系统中的能量流动，是指生态系统中能量输入、传递、转化、散失的过程。自然界中的一切生命活动都伴随着能量的变化，也正因如此，才有了生命与生态系统。能量流动是维持生态系统稳定的重要因素。

在地球生态系统中，几乎所有的能量都来自于太阳。太阳的光能通过光合作用转化为化学能，存储在它们制造的有机物中，最终被输入到了生态系统中。植物的呼吸作用，会消耗掉一部分能量，另一部分能量则作用于它的生长、发育与繁殖等生命活动。这部分能量，既有可能随草木衰败落入大地，通过被分解者分解而释放；也有可能被其他生物食用，转化为其他生物体中的能量，并继续传递下去。

生态系统中的能量流动，我们可以将其表现在坐标系上，用横坐标代表生物量，并将食物链中各级消费者的数量依次逐级标在纵坐标上，这样就形成了一个类似金字塔的图形结构，这就叫能量金字塔。生态系统的能量流动，与食物链有着紧密的联系。低营养级别生物群落被高营养级别生物群落捕食，就是在进行能量流动，营养级别越高的生物数量越少，在能量流动过程中消耗的能量越多。在一个生态系统中，能量流动的营养级数量通常不超过 5 个。通过分解者的作用，任何级别的生物群落都可能将有机物的能量释放到环境中。

生态系统中的能量流动主要有两个显著特点：一个是能量的单向流，即当光能进入生态系统，被植物通过光合作用转化后，无法再以光能的形式返回，营养级别高的生物摄食营养级别低的生物后，所获得的能量也无法再返回营养级别低的生物，能量流动只能沿着单一方向运转；另一个是能量的逐渐减少，即能量在流动过程中逐级减少，即从太阳辐射到植物，再到食草动物与食肉动物，其中大部分能量都会被消耗掉，只有少部分能量能够流入下一个营养级别的生物。

　　科学家们至今仍在研究生态系统中的能量流动，这可以帮助我们进行科学规划、设计、调整人工生态系统。例如，长江三角洲、珠江三角洲的桑基鱼塘就是利用能量流动的典范。人们在鱼塘的塘基种桑，桑叶喂蚕，蚕沙养鱼，鱼粪肥塘，塘泥壅桑，使能量得到有效的利用。

六、生态系统的稳定性

生态系统的稳定性，是指生态系统所具有的保持或恢复自身结构和功能相对稳定的能力。对于生态系统而言，只有种群、群落、功能、环境等因素稳定，才能更加适合生物的生长与生活。

20世纪80年代，由美国前橄榄球运动员约翰·艾伦发起，几个财团联合出资，按照地球环境在美国的亚利桑那州图森打造了一座占地1.2万平方米、由8万根钢梁和6000块玻璃组成的微型人工生态系统。为了区别于自然生物圈，这里被命名为"生物圈Ⅱ号"。

"生物圈Ⅱ号"内部是几乎密封的环境，科研人员模拟南、北回归线之间的生态环境，建造了热带雨林、热带草原、海洋、沼泽、沙漠、农业区和居住区7个生物群落，其中投放了动物、植物、微生物等4000个物种，打造了一片仿真区域，进行生态与环境研究，了解地球是如何运作的。科学家们信心满满，如果"生物圈Ⅱ号"试验成功，那么人类便可以在任意位置建造家园，不再依赖地球而存在。

然而，几年后，研究人员发现，"生物圈Ⅱ号"与自然环境相比，存在着诸多问题，其中最主要的问题就是难以维持系统的稳定性。"生物圈Ⅱ号"中的氧气和二氧化碳无法达到平衡，而且因为物种相对单一，缺少足够的分解者，很多动植物无法正常生长或者繁殖，物种灭绝速度比预期更快。

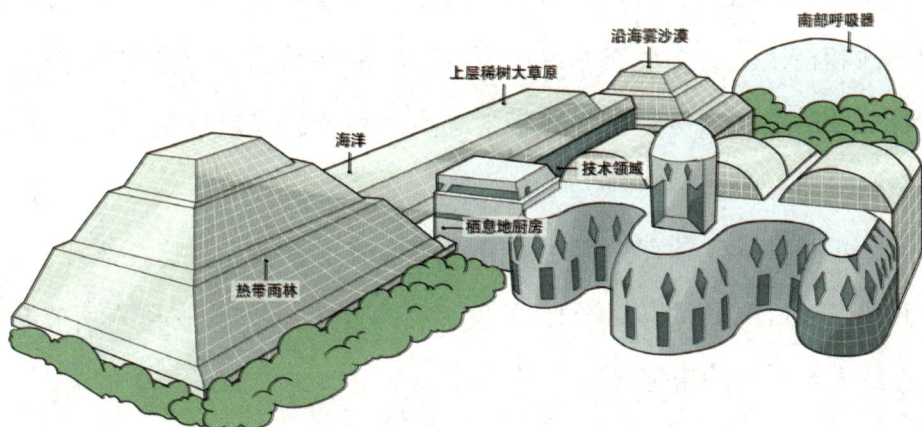

"生物圈Ⅱ号"实验的失败，让人们更加深刻地认识到自然生态环境的重要性。与人工生态系统相比，自然生态系统的稳定性显得尤为珍贵。生态系统的稳定性主要包括两部分：抵抗力稳定性和恢复力稳定性，这主要是指生态系统抵御外界干扰、保持自身结构和功能、恢复生态原状的能力，这两方面共同作用，保证了整个生态系统的稳定。例如，当河流受到轻微污染时，它能够通过河沙沉降和微生物分解等方式快速消除污染，河流中的生物不会受到明显的干扰；当森林中的害虫数量增加时，鸟类食物充足，其数量也会随之增加，有效限制害虫的数量，保证生态系统的稳定性。

生态系统的稳定性主要是通过生态系统的调节能力来实现的，而调节能力又是通过正、反反馈来完成的，这两种反馈相互转化和作用，确保生态系统长期处于稳定状态。比如，当草原植物茂盛的时候，食草动物就会大量迁入，而它们过度啃食又会导致植被减少，反过来抑制动物数量的增长。这种调节，可以维护草原上生产者和消费者之间的平衡和稳定。一个生态系统越复杂，功能和结构会越稳定和健全，自我调节的能力也会越强，热带雨林生态系统的稳定性就要比农田生态系统更强一些。

虽然生态系统具有稳定性，但它一旦被严重破坏，往往需要漫长的时间来进行恢复。所以我们在开发和利用自然环境时，必须有所节制，以保持生态系统的稳定。

第二章
了解生态环境问题

一、大气污染

地球的周围聚集了一层厚重的大气，这些大气就像一个无形的保护罩，保护着地球上生物的安全。自然界的生命，一刻也无法离开大气层而存在。大气为地球提供了理想的环境，与我们的生存活动息息相关。

大气主要由 78% 的氮气、21% 的氧气、0.93% 的稀有气体、0.04% 的二氧化碳和 0.03% 的其他物质组成。当一些其他物质进入大气，并呈现出足够的浓度，持续足够长的时间，对大气成分产生干扰或改变时，就意味着大气受到了污染，这会对地球上的生物造成危害，进而影响到整个生态系统。

目前，我们已知的大气污染物有 100 余种，主要由自然因素和人为因素造成。森林火灾和火山喷发都属于自然因素的污染，它们排放出的二氧化碳、一氧化碳、二氧化硫和细小颗粒会飘浮在空气中，改变空气的组成。另外，自然界的风沙和土壤尘、森林植物所释放出的碳氢化合物，海浪飞沫中所含的硫酸盐和亚硫酸盐，也会对大气造成一定的污染。

人为因素的大气污染，主要是由工业生产和交通运输造成的。人类在生产、生活活动中大量使用煤炭、石油、天然气，将一氧化碳、二氧化碳、二氧化硫、烟尘等污染物排入大气；石化、有色金属冶炼、钢铁、磷化肥等企业在生产过程中排放有害气体，对大气产生一定的影响；汽车、飞机、船舶等排放的尾气中，也含有一氧化碳、氮氧化物、碳氢化合物等污染物；农民喷洒农药时，一部分农药也会以悬浮颗粒物的形式飘浮在空气中，并随着气流向其他地方流动，造成污染。

大气污染会影响人类的健康，对地球的生态系统造成严重的危害。一个人每天要呼吸 2 万多次，会不断吸入空气，维持身体机能的正常运转。当大气被污染后，有害气体会对人体造成影响，可能导致慢性中毒、急性中毒等。大气污染对工农业的影响也很大，二氧化硫、二氧化氮等污染物会腐蚀工业材料和建筑设施，而飘尘等微颗粒则会影响精密仪器和设备的正常运转。空气中的污染物还可能渗入水源或者土壤，进而影响动植物的正常生长。

目前，大气污染已经对气候造成了严重的影响，人们也越来越关注全球的气候变化。我们常说的温室效应，就是大气污染造成的。大气中过量的二氧化碳像一层厚厚的玻璃罩，将地球围成了一个大暖房，使地表温度不断升高，导致冰川融化、海平面上升、病虫害加剧、土地沙漠化等严重后果。

　　如今，越来越多的国家开始重视大气污染的问题。我国已经采取保护森林、禁用氟氯碳化物、采用清洁新能源等多种措施。但是，大气污染并非一朝一夕形成的，大气治理也不会立刻取得显著效果。因此，保护大气环境任重而道远。我们应从身边的小事做起，为大气的清新与洁净尽一份力量。

二、水体污染

"鹅，鹅，鹅，曲项向天歌。白毛浮绿水，红掌拨清波。"骆宾王的这首《咏鹅》，很多人都可以熟练背诵，诗中"绿水"与"清波"的画面让人羡慕。现在，随着工业化、城市化进程的加快，水体污染也逐渐严重，在一些地方，"清波""绿水"变成了黑水、臭河。

我们生活的地球是一颗美丽的蓝色星球，其表面大部分被海水覆盖着。而陆地上河流与湖泊交错纵横，形成了庞大的水系网络，为动植物的生长和人类的生产生活提供了重要保障。

水是生命之源，它不仅是维持生命活动的必要条件，而且是促进经济发展不可或缺的物质基础。我们每天都需要用水，但能够供人类使用的水源其实并不充足。世界上有很多国家面临缺水的困境，我国也有很多城市存在着用水严重不足的情况。水资源质量下降、水环境恶化、水污染严重等情况，会对人们的生产生活、工农业等产生巨大的影响，甚至会对社会发展和人类健康造成危害。

1956年，日本熊本县水俣镇发现了一种奇怪的病。主要症状为病患口齿不清、视觉丧失，严重的甚至会死亡。经过调查发现，一家氮肥公司向海湾中排放了大量含汞的废水，这些汞在海水中扩散，并在鱼类中富集，又经过食物链传播给陆地上的动物。最先发病的是爱吃鱼的猫，后来人也开始发病。这次污染事件造成了几千名民众中毒，其中将近一半人因此丧命。无独有偶，日本富山县也曾向河水中排放采矿和冶炼产生的工业废水，含有重金属镉的河水被人类饮用和浇灌农作物，致使很多人出现骨骼畸形、剧痛、易折的病症。除此之外，工厂化工原料外泄、油船触礁后原油泄漏等各种意外事故，也对周边水域造成了严重污染。

目前，人类活动是造成水体污染的主要原因。工业污染往往体量大、面积广、毒性强、难处理，对水域造成的污染最严重；农业污染主要包括农药、化肥和牲畜的粪便，特别是农药与化肥的大量使用，会对水域造成污染，使水体不同程度地富营养化，破坏水体的自然平衡；日常生活对水体的污染主要来源于各种洗涤剂和垃圾，它们的毒性虽然弱，但也会对水体造成一定的影响。在人类活动的影响下，地下水和近海海域的海水都遭受了污染，能够饮用和使用的水源也越来越少。

近些年来，全球水体污染问题愈发严重，已经对人类的生存构成了重大威胁。在发展中国家，有80%的疾病是因为患者饮用了不卫生的水导致的，每年全球大约有2000万人因此而失去生命。因此，水体污染也被称作"世界头号杀手"。水污染问题困扰着世界各地的人民，因为任何一片水域的污染，都会对全人类带来许多不利影响。

如今，我国已经越来越重视水体污染的问题，并采取了一系列的有效措施：如强化对饮用水源的保护，划定区域并定期检查；加大对城市生活污水和工业废水的处理与治理力度，建设更多的污水处理厂；加强公民节水与环保意识，减少水浪费，保护水资源；实现工业废水资源化利用、家用水净化、数字化污水处理；等等。

目前，我国水污染物排放量大幅减小，水生态环境治理取得良好成效。

三、垃圾污染

经济快速发展，城市人口不断增多，人民生活水平不断提高，随之而来的是垃圾量不断增多。据统计，每个人一年大约会产生440千克的垃圾，如不妥善处理，这些垃圾会对环境产生严重影响。

人类无时无刻不在产生垃圾。试想一下，一柄牙刷的重量大约为20克，如果我们每三个月更换一把，那么一个人一年就要消耗80克的牙刷，一百万人每年就会丢掉80吨的废牙刷；某品牌净含量为120克的牙膏，纸盒重量大约为15克，牙膏皮重16克，假设每人三个月使用一盒牙膏，那么一百万人每年丢掉的牙膏盒与牙膏皮的重量则约为124吨。

除了牙刷、牙膏，我们还会产生废弃的毛巾、餐具、衣服及食品包装袋、药品包装盒、果蔬残渣等垃圾，每个人产生这些垃圾的量虽然比较小，但按照一个国家的人口合计起来，将会得出一个惊人的数字。这些生活垃圾，只是垃圾的一部分。现在各种废弃建筑材料、工业材料、有毒材料、废气、废水等垃圾大规模地产生，侵占土地，堵塞江河，严重威胁到动植物的生长与人类的健康，我们不得不正视它们所带来的危害。

生活垃圾   工业垃圾

工业垃圾和生活垃圾是环境污染的主要来源。工业垃圾主要是指工业生产与工业加工中产生的高炉渣、粉煤灰、钢渣、塑料等物质；生活垃圾则是指人类日常生活中产生的废塑料、废纸张、碎玻璃、厨余垃圾等。这些垃圾堆放在一起，不仅会侵占大量的土地，而且会产生大量氨气、硫化物等有害气体，污染大气；一些垃圾在腐败变质的过程中，还会产生大量酸、碱有机物，溶解重金属，污染水源。生活垃圾中通常含有很多致病的微生物，而且易成为苍蝇、蚊子、蟑螂和老鼠的滋生地。

现阶段处理垃圾的方法主要有 4 种：①露天堆放。它对环境的危害最大。②垃圾填埋。这种方法所需场地较大，使用时间短，造价高，并非理想的处理方式。③垃圾焚烧。这种方法能够有效缩小垃圾的体积，节省更多空间，但焚烧后会释放有毒气体，产生大量有害的炉渣和粉尘。④堆肥。这是比较理想的垃圾处理方法，但需要我们对垃圾进行分类。

如今，我国已要求将垃圾分成可回收物、厨余垃圾、有害垃圾和其他垃圾 4 类，进行分类投放。其中可回收物包括金属、玻璃、塑料、废纸和布料，这些垃圾可以通过综合处理回收利用，从而减少污染、节约资源；厨余垃圾包括剩菜剩饭、果皮菜叶等，这些垃圾经过生物技术处理后堆肥，可以生产有机肥料；有害垃圾包括电池、灯泡、家电、过期药品等，这些垃圾通常都含有对人体有害、有毒的物质，需要单独回收或者进行填埋处理；其他垃圾则是除上述几种垃圾外的废卫生纸、食品包装袋、陶瓷砖瓦等，这些物质通常会被掩埋，以减少它们对地表环境的污染与破坏。垃圾分类，可以有效提高垃圾处理效率，同时提升居民的环保意识，保护自然生态环境。

四、水土流失

水土流失是指由于自然或人为因素的影响，雨水不能就地消纳，顺势下流、冲刷土壤，造成水分和土壤同时流失的现象。土地利用不当、地面植被破坏、滥伐森林、过度放牧是导致水土流失的主要原因。

在我国有一个特别的区域，几千年前，这里气候湿润，森林密布。后来，由于气候的变化与人类的过度开发，这里的地表被冲刷得沟壑纵横。这就是位于我国太行山以西、日月山以东、秦岭以北、长城以南的黄土高原。每当下雨时，松软的黄土会随着雨水的冲刷顺势而下，由于土质松软，植被稀少，最终导致这片土地支离破碎、土壤贫瘠。另外，随着水流的作用，大量泥沙汇入黄河，使下游河床抬高，防洪压力增大，严重的时候甚至会威胁到沿岸人民的生命财产安全。

黄土高原是我国水土流失比较严重的区域，也是水土流失治理的重点区域，但却并不是唯一存在水土流失的地方。这一问题广泛存在于全球多地，正威胁着全球人类的生存。

根据造成水土流失的动力不同，我们可以将水土流失分为3种类型。①水力侵蚀。水力侵蚀最为常见。在山丘等有坡度的地方，暴雨落在地面，水流顺势而下，会冲走地表的土壤。②重力侵蚀。在山区和丘陵区的陡坡上，由于下半部分的土壤被水流掏空带走，上方的土壤在重力的作用下，会分散或者成片地塌落。③风力侵蚀。在我国西北、华北、东北的沙漠、沙地和丘陵盖沙地区，以及东南沿海的沙地等处，较强的风会扬起砂砾，使其转运和堆积到其他地方，造成水土流失。此外，冰川侵蚀、化学侵蚀和混合侵蚀等也会造成水土流失。

大面积的水土流失会对生态环境和人类社会造成严重的影响。首先，水土流失会导致土地生产力下降，耕地面积减少，土壤中的氮、磷、钾等元素含量降低，降低农作物产量；其次，流失的泥沙会淤积在河道、湖泊和水库中，影响水路畅通，降低库容量；最后，水土流失是造成水质污染的一个重要原因，影响生态平衡。此外，水土流失还会威胁饮用水、防洪、粮食、生态等多方面的安全，制约经济的发展。

五、物种灭绝

物种灭绝泛指植物或动物种类不可再生性的消失或破坏。当某个物种数量不断减少，直至最后一株植物或最后一只动物死亡，便代表着这个物种灭绝了。

大熊猫是我国独有的物种，它们圆滚滚的身子搭配着黑白分明的毛色，举手投足都是那么憨态可掬，因此很多人都特别喜欢大熊猫。大熊猫如此受欢迎，除了它可爱的外形，还因为它是我国一级保护动物。

大熊猫大多生活在海拔 1600 ~ 3500 米的茂密竹林里，它们已经在地球上生存了至少 800 万年。后来，由于人类活动对大熊猫生存环境的影响，导致大熊猫种群数量急剧减少。据统计，最少的时候，世界上仅存活 1100 多只大熊猫。经过多年的繁殖与培育，目前全球大熊猫已经有 2600 多只。

大熊猫并不是地球上唯一濒临灭绝的物种。我国西南山区的滇金丝猴，由于森林被砍伐和农业扩张，它们失去了大部分的栖息地，之前仅剩 1000 只左右，现有 3800 多只；埃塞俄比亚狼因对当地家畜构成威胁而遭到捕杀，目前只剩下几百只；澳大利亚由于土壤侵蚀与沙漠化，导致本地植物金合欢的数量大幅度减少；诸如此类的例子还有很多。全球每天都有几十种动植物灭绝，这也意味着这些物种消失后将不会再现。

物种灭绝是一个自然的过程。缓慢且有规律的物种灭绝并不会破坏地球上的生态平衡，而大规模的物种灭绝往往与巨大的灾难有关。到目前为止，地球已经在奥陶纪、泥盆纪、二叠纪、三叠纪和白垩纪发生过 5 次大规模的物种灭绝。火山爆发、海平面升高、小行星撞击地球等，导致环境发生剧烈变化，大量物种因无法适应而灭绝。在当今的世界范围内，地球并没有出现毁灭性的自然灾害，但生物物种却在以前所未有的速度灭绝。

工业革命后，人口不断增加，人类的活动范围越来越广，所需要的生活物资越来越多，对自然界的干扰也越来越大。现代化的农田、公路、城市取代了原来的河流、森林、草原，动植物栖息地缩小且被人类世界分割，这就加快了物种灭绝的速度。美国杜克大学著名生物学家斯图亚特·皮姆提出，等到 2050 年时，地球上四分之一以上的物种都会灭绝或濒临灭绝。

新物种的产生往往需要一定的时间、条件和空间，但自然环境在人类的干预和管理下，留给新物种产生和老物种进化的空间越来越小，使它们很难实现正常更迭。在这种情况下，地球的生态平衡会遭到严重破坏，人类最终也会受到不利影响。

灭绝物种：渡渡鸟
灭绝时间：1681年

灭绝物种：斑驴
灭绝时间：1883年

灭绝物种：袋狼
灭绝时间：1936年

因此，我们必须足够重视物种灭绝的问题，维护物种多样性，保护地球的生态环境，把物种更新换代的速率控制在安全范围内，这样才能保证人类的可持续发展。

六、荒漠化问题

每年的 6 月 17 日是世界防治荒漠化和干旱日。联合国设立这个节日的目的是为了提高世界各国人民对防治荒漠化重要性的认识。当前，全球荒漠化正在加剧，有十几亿人正在遭受荒漠化的威胁。

位于我国西辽河平原上的科尔沁沙地，曾经是一片水草丰美的疏林草原。由于气候变化和过度开垦放牧，生态环境遭到破坏，这里出现了荒漠化，变成了我国面积最大的沙地。

科尔沁沙地面积约为 4.23 万平方千米，这里是京津冀地区风沙的主要源头之一。这片沙地覆盖内蒙古、吉林、辽宁三个省、自治区的多个市、县、乡，其中分布在内蒙古自治区的面积最大，几乎覆盖了通辽市近三分之一的土地面积。这个地区的生态变迁史，向人们展现了草原的脆弱与荒漠化的危害。

荒漠化有狭义和广义之分。狭义的荒漠化，即沙漠化，是指在极端干旱、干旱与半干旱和部分半湿润地区的沙质地表条件下，由于自然因素或人为活动的影响，破坏了自然脆弱的生态系统平衡，出现了以风沙活动为主要标志，并逐步形成风蚀、风积地貌结构景观的土地退化过程。广义的荒漠化，是指由于人为和自然因素的综合作用，使得干旱、半干旱甚至半湿润地区的自然环境退化的总过程。截至2022年，全球荒漠化土地面积达到3750万平方千米，相当于俄罗斯、加拿大、中国和美国国土面积的总和。世界上有100多个国家正遭受着土地荒漠化的威胁。

土地荒漠化的形成是一个复杂的过程，除了人口增长、过度放牧、乱砍滥伐、不合理利用土地等人为因素，还受到气候、地貌、植被等自然条件的影响。自然条件的改变，特别是降水量稀少，土地会变得非常脆弱，植被退化，风蚀加快，使土地有荒漠化的危险。这个时候，人类活动对土地稍加破坏，就会加速荒漠化进程。近些年，温室气体的不断排放，导致全球气候变暖，使得北半球高纬度地区越来越干燥，降水量越来越少，这无疑会使土地荒漠化范围进一步扩大。

土地荒漠化是环境退化的标志，是环境不稳定的反馈。如果我们不采取措施治理，这种情况只会愈演愈烈。目前，世界各国都在摸索治理荒漠化的方法。例如，有些国家在荒漠化土地上设置草方格、篱笆、黏土等沙障，这些做法不仅能够削弱风力的侵蚀，还能够截留降雨，提高沙层含水量，有利于植物生长。有些国家使用塑料治沙，将塑料薄膜覆盖到沙漠上，以防止水分散失；还有的国家利用废旧塑料制成固沙胶结材料，喷洒在植物周围的沙地上，以更好地防风固沙。

　　在治理荒漠化的同时，我们还需要从源头上遏制荒漠化。如控制人口过快增长，适度、合理地放牧和开发，循环利用水资源等，以延缓土地荒漠化的进程。也可以建造固沙林、防风林，来阻止沙漠扩张，改善生态环境。

第三章

学习生态文明知识

一、习近平生态文明思想

习近平生态文明思想是习近平新时代中国特色社会主义思想的重要组成部分，是习近平总书记立足我国新时代生态文明建设实践的原创性理论成果，是建设社会主义生态文明的科学指引和强大思想武器。

生态环境是人类赖以生存的基础，人类的生存与发展和环境息息相关。良好的生态环境能为社会和经济的发展提供有力保障与支持，促进人类社会的可持续发展。

自古以来，我国就重视对自然生态环境的保护。《逸周书·大聚》中记载，大禹曾下禁令："夏三月，川泽不入网罟，以成鱼鳖之长。"春秋战国时期，儒家也倡导人们顺应自然规律，合理利用自然。荀子更是被誉为中国古代环保的先行者。他在《荀子》一书中提出顺应季节和动植物生长规律，保证自然界资源充沛的思想。道家则推崇"道法自然""无为而治"，认为人类的行为不应该对自然产生破坏，要尊重和敬畏自然。

我国古时已经制定了法令来保护生态环境，对破坏环境的行为进行严厉的惩罚，甚至还设立了负责管理山川、河流、森林等自然资源的部门。一些古老而质朴的环保政策，不仅满足了百姓的生活需求，还保护了自然环境与资源，具有重要的意义。

在社会主义建设时期，党中央更加重视自然生态文明建设，多次提出在大力发展经济的同时，必须要注意保持生态平衡。

2012年，党的十八大报告指出，建设中国特色社会主义，总体布局是"五位一体"（经济建设、政治建设、文化建设、社会建设、生态文明建设五位一体，全面推进）。2017年，党的十九大在全面总结经验、深入分析形势的基础上，从经济、政治、文化、社会、生态文明五个方面，制定了新时代统筹推进"五位一体"总体布局的战略目标，作出了战略部署。

2018 年 5 月 18 日，党中央召开全国生态环境保护大会，为解决中国的生态环境问题作出了一系列重大决策。习近平总书记在会上强调，生态文明建设是关系中华民族永续发展的根本大计，并提出加快构建生态文明体系，全面推动绿色发展。这一次大会正式提出习近平生态文明思想，这是民心所向，这是时代和社会所需。

二、低碳经济

习近平总书记强调："要站在人与自然和谐共生的高度谋划发展，通过高水平环境保护，不断塑造发展的新动能、新优势，着力构建绿色低碳循环经济体系，有效降低发展的资源环境代价，持续增强发展的潜力和后劲。"

自然界中存在着各种能源，如太阳能、水能、风能、化学能、核能、生物能等。工业革命之后，随着全球人口数量增加和经济的迅猛发展，化石能源已经成为世界的常规能源，且使用量巨大。化石燃料燃烧后会产生二氧化碳、一氧化碳、二氧化硫等废气，这些废气会对空气造成污染，引发酸雨、水污染、光化学烟雾、气候变暖等环境问题。

在全球气候变暖的严峻形势下，我国摒弃过去的能源结构和经济增长模式，革新科学技术手段，采用更加节能高效、排放量低的新型能源，以保护我们赖以生存的家园。

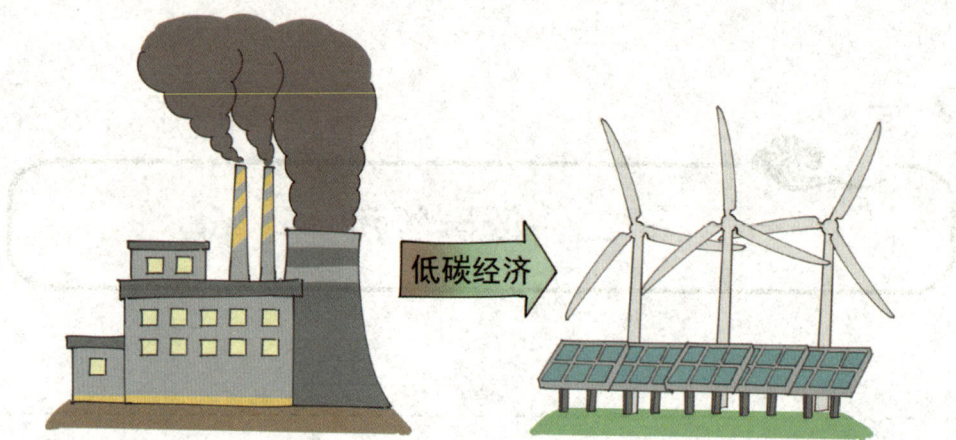

低碳经济

    2009 年 6 月 15 日，中国社会科学院发布了《城市蓝皮书：中国城市发展报告（NO.2）》。蓝皮书指出，在全球气候变化的大背景下，发展低碳经济正成为各级部门决策者的共识。"低碳经济"一词走进国人的视野，随之而来的还有"低碳技术""低碳发展""低碳城市""碳足迹"等。这场能源和经济领域的大变革，着眼于人类社会与自然生态环境的平衡发展，以低能耗、低污染为基础的低碳经济成为全球各国关注的热点。顾名思义，低碳经济是指温室气体排放量尽可能低的经济发展方式，尤其是二氧化碳这一温室气体的排放量要有效控制。人们通过制度创新、技术创新、产业转型、新能源开发等多种手段，尽可能减少煤炭、石油等高碳化石能源的消耗，减少温室气体的排放，来实现社会经济与生态环境的和谐发展。

    我国大力发展低碳经济，推进节能减排的科技创新，加速淘汰制造业的高能耗生产方式，把发展新能源、清洁能源、新能源汽车、生物产业等作为新的经济增长点，并积极引导人民大众转变思想，选择更加环保的生活方式。但我国正处于工业化、城市化、现代化高速发展的阶段，由传统经济方式向低碳经济的转变，也面临不小的挑战。

首先，我国经济快速增长，人民的生活水平和生活质量都需要提高，能源消费也在持续增长，我们不能走西方发达国家以牺牲环境谋求发展的老路，必须重新寻找新的发展路线。其次，我国煤多、气少、缺油的资源条件，决定了我国以煤为主的能源结构，低碳能源的可供选择有限。再次，我国面临调整经济结构、提升工业生产技术和能源利用效率的重大挑战。最后，发达国家不愿意按照《联合国气候变化框架公约》的规定向我国提供技术转让，我们只能依靠商业渠道引进，这增加了我们的经济负担。

虽然面临挑战，但是我国坚定走绿色低碳发展的道路。2024 年的《政府工作报告》中，将"加强生态文明建设 推进绿色低碳发展"列为 2024 年政府工作重点任务之一。《政府工作报告》中提道，大力发展绿色低碳经济。推进产业结构、能源结构、交通运输结构、城乡建设发展绿色转型。落实全面节约战略，加快重点领域节能节水改造。完善支持绿色发展的财税、金融、投资、价格政策和相关市场化机制，推动废弃物循环利用产业发展，促进节能降碳先进技术研发应用，加快形成绿色低碳供应链。建设美丽中国先行区，打造绿色低碳发展高地。

三、循环经济

按现在的消耗速度，专家估计煤、石油、天然气等能源将在几十年至 200 年内逐渐耗尽。因此，世界各国必须提高资源利用率，循环利用资源，这样才能实现可持续发展。

20世纪 90 年代中期，"循环经济"正式走入了我国民众的视野。学术人员将循环经济定义为"以资源的高效利用为核心，以减量化、再利用、资源化为原则，以低消耗、低排放、高效率为基本特征，符合可持续发展理念的经济增长模式"。循环经济是对"大量生产、大量消费、大量废弃"传统增长模式的变革，对解决我国资源短缺且资源消耗量大的现状，有着重要的现实意义。

2005 年 7 月，国务院发布《关于加快发展循环经济的若干意见》，为循环经济发展提供了明确的政策依据。2008 年 8 月 29 日，全国人大常委会通过了《中华人民共和国循环经济促进法》，于 2009 年 1 月 1 日起正式施行。《中华人民共和国循环经济促进法》中明确了什么是循环经济，它是指在生产、流通和消费等过程中进行的减量化、再利用、资源化活动的总称。减量化，是指在生产、流通和消费等过程中减少资源消耗和废物产生。再利用，是指将废物直接作为产品或者经修复、翻新、再制造后继续作为产品使用，或者将废物的全部或者部分作为其他产品的部件予以使用。资源化，是指将废物直接作为原料进行利用或者对废物进行再生利用。

党中央、国务院高度重视发展循环经济，"十一五"到"十三五"时期，国家先后印发了《关于加快发展循环经济的若干意见》《循环经济发展战略及近期行动计划》《循环发展引领行动》等文件，指导推动我国循环经济发展取得了积极进展和明显成效。尤其是党的十八大以来，我国循环经济政策制度更加完善，发展模式不断创新，重点领域积极推进，发展循环经济已经成为保障我国资源安全的重要途径之一。

2021年7月，经国务院同意，国家发展改革委发布了《"十四五"循环经济发展规划》（以下简称《规划》）。《规划》指出，大力发展循环经济，推进资源节约集约循环利用，对保障国家资源安全，推动实现碳达峰、碳中和，促进生态文明建设具有十分重要的意义。"十三五"时期我国循环经济发展取得积极成效，资源利用效率大幅提升，再生资源利用能力显著增强，资源循环利用已经成为保障我国资源安全的重要途径。《规划》提出到2025年，资源循环型产业体系基本建立，覆盖全社会的资源循环利用体系基本建成，资源利用效率大幅提高，再生资源对原生资源的替代比例进一步提高，循环经济对资源安全的支撑保障作用进一步凸显。

发展循环经济，最重要的是协调末端治理和源头控制，实现从利用废物到减少废物的飞跃，其根本目的是要在经济发展中，减少资源投入，避免或减少废物，并将废弃物进行再生利用，这种"减量化、再利用、再循环"的循环原则，被称为"3R原则"。为了实现这一点，首先要在生产源头，节约资源，提高资源利用率，减少废弃物的产生。其次，在生产过程中，要对污染物和物品包装等废弃物进行回收利用，使它们再次回到经济中循环。最后，只有回收利用无法实现时，才能对废弃物进行无害化处理。这种循环经济的模式，既能减少对自然资源的消耗，又能减少环境污染，让有限的资源产生最大化的经济价值。

四、绿色 GDP

GDP，即国内生产总值，是一个国家或地区所有常住单位在一定时期生产活动的最终结果。这是衡量一个国家或地区经济状况和发展水平的重要指标。绿色 GDP，是从 GDP 中扣除由于环境污染、自然资源退化等因素引起的经济损失成本后的生产总值。

20世纪 90 年代初，挪威首先要求企业在财务年报中披露企业对环境造成的影响并标明其所采用的计量方法，这在世界范围内引起了广泛的关注。不少国家都开始重视企业生产与发展对环境造成的损耗，试图从我们传统采用的 GDP 计算方法中，挤出环境污染负债、生态赤字和资源损耗等水分，得出更准确的经济数据。

2002 年，世界发展中国家可持续发展峰会在阿尔巴尼亚召开。会上，我国可持续发展研究奠基人之一的牛文元教授将绿色 GDP 化解为 5 个指标，即单位 GDP 的排污量、能耗量、水耗量、投入教育比例和人均创造 GDP 的数值。这一观点，被与会的 100 多个国家所接受，并让人们对可持续发展理念有了更加深刻的理解和切实的探索标准。人类的经济活动，既会产生为社会创造财富的正面效应，又会产生对社会生产力有阻碍作用的负面效应。这种负面效应一方面是因为人类的资源索取，另一方面则是因为生产活动所排出的废弃物。绿色 GDP 指标的提出，直观反映出经济活动对自然环境造成的负面效应。

2004 年，当时的国家环保总局和国家统计局联合开展绿色 GDP 核算研究。次年，绿色 GDP 核算研究项目在北京、天津等 10 个省区市启动试点研究。2006 年 9 月，当时的国家环保总局和国家统计局联合发布了《中国绿色国民经济核算研究报告 2004》。这是中国第一份经环境污染调整的 GDP 核算研究报告。这份绿色 GDP 报告中有关因环境污染造成经济损失 5118 亿元数据的发布引起社会的强烈关注。之后因为种种原因，这项研究没有持续下去，被长期搁置。

2013 年 11 月，党的十八届三中全会审议通过《中共中央关于全面深化改革若干重大问题的决定》，明确提出探索编制自然资源资产负债表，对领导干部实行自然资源资产离任审计建立生态环境损害责任终身追究制，把资源消耗、环境损害、生态效益纳入经济社会发展评价体系，建立体现生态文明要求的目标体系、考核办法、奖惩机制。

为了加快推进生态文明建设，有效推动新《中华人民共和国环境保护法》（第十二届全国人民代表大会常务委员会第八次会议于 2014 年 4 月 24 日修订通过的《中华人民共和国环境保护法》）的落实，2015 年 3 月 30 日，当时的环保部宣布重启绿色 GDP 研究。重新启动绿色

GDP核算研究，是推动绿色发展转型的重要举措，是贯彻落实习近平总书记关于完善经济社会发展考核评价体系，把资源消耗、环境损害、生态效益等体现生态文明建设状况的指标纳入经济社会发展评价体系，使之成为推进生态文明建设的重要导向和约束指示精神的具体体现。

此后，有不少地方都尝试绿色GDP的考核方法，弱化了对一些地方GDP、招商引资、固定资产投资等目标的考核，强化考核生态文明建设指标，如空气环境质量、水环境质量等，一些地方要求地表水水质达Ⅱ类水质标准，空气质量更细化到负氧离子含量等。把生态文明建设指标纳入绿色GDP考核后，很多地方集中精力做好生态环境保护，使得生态环境已成为当地的第一竞争力，积极发展生态经济。

在一些地方绿色GDP占GDP总量的比重越高，表明经济增长的正面效应越高，负面效应越低；绿色GDP占GDP总量的比重越小，表明经济发展对环境造成的恶劣影响越大，这种经济发展模式不可持续。绿色GDP有一个计算公式，用GDP的总量减去环境资源成本、环境资源保护服务等费用之后，便可以得到绿色GDP。环境资源成本和环境资源保护费用通常包括几部分：第一是环境资本的折旧，例如空气污染、土壤污染、水资源减少、物种灭绝、景观破坏等；第二是对环境损坏的预防支出，例如防护林和防风固沙等措施；第三是环境和资源恢复的支出，例如净化水源、恢复土壤肥力等；第四则是非优化利用资源而引起的超额损耗等部分。虽然在这些方面都将消耗大量的人力、物力、财力，但却是必须要执行的措施。

　　我国已将绿色 GDP 作为一个重要的指标来衡量经济发展水平。在新时代，我们要铭记总书记"绿水青山就是金山银山"的科学论断，让绿色 GDP 成为重要的政策工具，共同维护我们的生态环境。

五、碳达峰、碳中和

石油、煤炭等由碳元素构成的资源，人类大量消耗此类资源，导致大量的二氧化碳排放入大气，从而导致全球变暖。全球变暖带来越来越多的气候问题，也在影响和改变着人们的生活方式。现在，气候变化已经成为人类面临的全球性问题，严重影响生态系统。在这一背景下，世界各国以全球协约的方式减排温室气体，对此我国提出了碳达峰和碳中和的目标。

碳达峰是指在某一个时点，二氧化碳的排放不再增长，达到峰值，之后逐步回落。碳达峰是二氧化碳排放量由增转降的历史拐点，标志着碳排放与经济发展实现脱钩。达峰目标包括达峰年份和峰值。

碳中和是指国家、企业、产品、活动或个人在一定时间内直接或间接产生的二氧化碳或温室气体排放总量，通过植树造林、节能减排等形式，抵消自身产生的二氧化碳或温室气体排放量，达到相对"零排放"。

自工业革命以来,全球气温显著上升,导致海平面逐渐上升,威胁近海地区的发展。全球变暖的影响远不止此,它还会带来自然灾害、粮食减产、淡水资源危机、食物链危机、海洋碳酸化、虫害增加、热射病、水灾频繁等危害,对人们的生产和生活造成严重影响。在过去很长一段时间内,欧美等发达国家和地区在工业化进程中,向大气中排放了大量的温室气体,是导致全球变暖的主要责任者。为了人类生存的最高利益,减少二氧化碳排放,尽早实现碳达峰,努力实现碳中和,控制地球升温,我国作为负责任大国,提出了"2030年前实现碳达峰、2060年前实现碳中和"的远大目标。

推动和实现碳达峰、碳中和,就要进行能源结构调整、产业结构调整,实施碳捕集与封存,构建碳交易市场,进行低碳科技创新。

能源结构调整是实现碳达峰、碳中和目标的关键,需要从供给和消费两端发力。在供给方面,逐渐降低煤电和气电比例,因为使用煤炭和天然气会产生大量碳排放,要增加不产生碳排放的风电、光伏发电等新能源发电。在消费方面,要减煤、控油、增气、电气化:减煤,即减少煤炭消费;控油,即合理控制石油消费;增气,即短期内增加天然气消费,推动以气代煤、以气代油;电气化,即长期内推动终端设备用能电气化,如工业生产设备电气化、交通电气化等。

产业结构调整是当前节能减排降碳的主要手段。对钢铁、石化等高耗能、高排放的产业实施限制,控制高碳化石能源使用。对以电力消费为主的低能耗、低排放、高附加值的新兴产业，要多鼓励和支持。

实施碳捕集与封存，是指将二氧化碳从工业过程、能源利用或大气中分离出来，直接加以利用或注入地层，以实现二氧化碳减排的工业过程。这是应对全球气候变化、控制温室气体排放的重要技术手段，已成为多个国家碳中和行动计划的重要组成部分。

碳交易是指以温室气体排放权或减排信用为标的物所进行的交易。碳交易的基本原则是，在控制排放总量的前提下，将排放权分配给不同的排放主体，允许他们之间进行自由买卖，以实现最低成本的减排目标。碳交易市场是指以温室气体排放配额或温室气体减排信用为标的物所进行的交易的市场。构建碳市场有良好的激励约束作用，可以通过市场机制在全国范围内将碳减排责任落实到企业，增强企业"排碳有成本、减碳有收益"的低碳发展意识。目前，我国正在建立全国统一的碳排放权交易市场，已经建成北京、上海、广东、湖北、深圳、天津、重庆、福建和四川9个区域碳交易市场。

发展低碳技术是实现低碳发展的关键，具体包括：能源绿色低碳转型技术、低碳与零碳工业流程再造技术、城乡建设与交通低碳零碳技术、城乡建设与交通低碳零碳技术、负碳及非二氧化碳温室气体减排技术、前沿颠覆性低碳技术。

实现碳达峰、碳中和，是党中央作出的重大战略决策。我国各地已经通过产业结构、生产方式、生活方式和空间格局之变，率先践行中国实现碳达峰、碳中和的承诺。近年来，我国大力推进能源结构的调整和转型升级，能源生产结构由煤炭为主向多元化转变，能源消费结构日趋低碳化。多个国家生态文明试验区，通过能源结构之变为碳排放做"减法"，加速推进节能降耗和绿色发展。

第四章

倡导生态伦理道德

一、保护生态环境，减少污染

"生态兴则文明兴，生态衰则文明衰。"人类社会的发展离不开自然生态环境，保护生态环境对于社会的可持续发展以及人类的健康有着非常重要的意义。

地球是人类共同的家园，它为人类提供生存空间和资源，使人类得以繁衍生息。然而近些年来随着社会的高速发展，人类对地球的索取和破坏，已经远远超过了它自身的修复能力，致使环境问题越来越突出。

随着工业生产和交通运输业的发展，排放到空气中的有害气体和烟尘大大增加，对大气造成了污染，严重损害了人类的身体和健康。

1930年12月，比利时马斯河谷工业区的上空突然出现了很强的逆温层，致使炼油厂、金属厂、玻璃厂等众多工业厂区排出的大量有害气体和大雾混合且难以消散。两天后，河谷地区居民就有几千人患呼吸道疾病，一周内就有63人死亡。这是20世纪最早记录的环境公害事件。

1943 年，美国西海岸的洛杉矶爆发了光化学烟雾事件，大多市民都出现眼痛、头痛和呼吸困难等症状。光化学烟雾是大气中的二氧化氮及碳氢化合物，在阳光照射下，发生光化学反应形成的烟雾。洛杉矶位于美国的西海岸，一面临海，三面环山，工业生产和汽车排放的废气不易扩散，在强烈的阳光照射下，形成了光化学烟雾。

事实上，空气污染后产生的烟雾事件并不是只出现在洛杉矶。1948 年，美国宾夕法尼亚州多诺拉的钢铁厂、硫酸厂等工业企业排放的废气受到逆温和大雾的影响而无法扩散，致使当地近一半人出现眼痛、咽痛、头痛、胸闷、呕吐、腹泻等症状，数十人死亡。

1952 年，英国伦敦上空受反气旋的影响，工厂产生的废气难以扩散，积聚在城市上空，出现了烟雾事件，当时所有飞机停飞，汽车在白天也需要开灯行驶。据统计，当月因这场大雾死亡的有 4000 人之多。

然而，上述的这些事例还只是工业发展对大气所产生的污染。除此之外，人类活动还对水源、土壤、动植物等带来了损害，导致蓝天白云被阴沉的雾霾掩盖，曾经清澈的河流发出阵阵难闻的气味，肥沃的土地变得寸草不生……

自然往往需要很长的时间才能修复人类对它造成的破坏，而有些环境生态被破坏后，是无法逆转的。因此我们必须保护生态环境，减少对环境的污染和破坏。

为了管控和减少污染，我国对重点区域、重点流域、重点行业和产业布局开展规划环境影响评估，调整、优化不符合生态环境功能定位的产业布局、规模和结构。例如，严禁钢铁、水泥、电解铅、平板玻璃等行业新增产能，提高污染排放标准，加大钢铁等高污染行业落后产能的淘汰力度。

我们只有做好生态环境的保护工作，改善环境，美化环境，控制、治理和消除各种对环境的污染和破坏，才能够促进人与环境的协调、健康发展，造福子孙后代。

二、保护动物栖息地

地球上生活着很多种动物，就像人类生活在城市和乡村中，动物们也有不同的栖息地，这些地方是它们生存和繁衍的家园。

家是温馨的港湾，让我们拥有无尽的安全感和力量。地球上的其他动物也有自己的"家"，只是它们的"家"不像人类的那样精致，而是一片栖息地。

栖息地是指物理和生物环境因素的总和，包括光线、湿度、筑巢地点等。动物生存和繁衍的地方是它们的栖息地。有些动物的活动范围比较小，它们会选择一个相对固定的栖息地。动物会根据自己喜好的气候和环境来选择栖息地。所有这些因素共同构成了适宜动物居住的特殊场所。

动物栖息地主要分为陆域栖息地和水域栖息地、鸟类栖息地3大类。陆域栖息地又可以分为多种，例如雨林、热带季风林、沙漠和半沙漠地区、开阔性栖息地、人类聚集的城市等。雨林位于热带，降雨量很大，气候炎热湿润，物种多样，玻璃蛙、金刚鹦鹉、金狮面狨等动物都在这里栖息；热带季风林有明显的旱季和雨季，旱季时树木会落叶，下层部分可以接收到阳光，这里是大象、老虎等生物的栖息地；沙漠和半沙漠地区，植物稀少，空气干燥，地表荒芜，风力作用较强，这里是骆驼、响尾蛇、沙狐等动物的栖息地；开阔性栖息地是指宽广、一望无际的区域，例如草原，这里是狼、盘羊、狮子、猎豹等动物的栖息地；人类聚集的城市，则生活着老鼠、麻雀等小型动物。除此之外，高山、高原、洞穴等自然区域也是很多动物的栖息地。

水域栖息地是各种喜水生物的聚集地，包括海洋、珊瑚礁、海岸地形栖息地、红树林、湖泊与池塘等。海洋作为地球上最广阔的水体，生物种类众多，各种鱼、虾、海藻等都需要在这里栖息；大片的珊瑚聚集成珊瑚礁，形成海洋动物的汇集区；海岸栖息地既有充沛的水源，又有沙丘等陆地形态，海狗、红喉潜鸟、小军舰鸟等生物喜欢在这里生活；亚热带及热带地区的出海口或河流三角洲地区会形成大面积的红树林，起着稳定海岸线的作用，这里生活着牛鲨、鼬鲨等动物；陆地上常见的湖泊和池塘，则生活着很多浮游生物、底栖生物和在整个水域游动的自由生物，磷虾和箭虫等都栖息在这里……

鸟类栖息地是鸟类繁殖栖息的地方。乔木和灌木丛能为鸟类提供食物来源，也是很多鸟类的栖息地；草原和平原面积广阔，百灵、云雀、乌鸦等鸟类在此栖息；沼泽、湿地可以为鸟类提供丰富的食物，水草可以为鸟类提供安全的住所，鹤、天鹅等鸟类在此栖息。

　　栖息地可以给动物们提供丰富的食物资源和较安全的繁殖环境，有利于它们繁衍生息。而当动物们赖以生存的栖息地被破坏，自然条件发生改变，会对该区域的动物造成严重的影响，一部分动物可能会迁徙至其他地区，一部分动物可能会面临灭绝。因此，我们必须大力保护动物栖息地，禁止破坏生态环境，这样才能保护生物多样性，才能维持区域内食物链的稳定，才能确保整个生态系统的平衡。

　　动物的很多生命活动对自然环境有着重要的意义，在保持水资源、控制土壤侵蚀和土地退化、恢复生态系统方面都起到了重要的作用。

三、保护森林和草原

党的十八大以来，习近平总书记高度重视森林和草原资源的保护，明确指出"森林和草原对国家生态安全具有基础性、战略性作用，林草兴则生态兴"。保护森林和草原资源，是生态文明建设的重要组成。

20 19年，在高温和干旱天气的双重作用下，澳大利亚发生了一场森林火灾。起初，大家都以为这只是一场普通的火灾，很快就能被扑灭，并没有重视。事实上，这场火灾持续了七个多月，直到2020年初，才在一场特大暴雨的帮助下扑灭。

根据灾后澳大利亚政府的统计，这场严重而漫长的火灾至少造成了33人丧生，3000多所房屋被焚毁，过火面积超过2400万公顷，相当于德国国土面积的三分之一。世界自然基金会估计，大约有30亿只动物在这场火灾中死亡。

火灾发生后，很多国家都检测到了污染性气体。澳大利亚也因为山火的影响损失了近10亿澳元的旅游收入。然而，最令人难以接受的是，在接下来的几年中，每到夏季，澳大利亚的山火就会卷土重来，对澳大利亚乃至世界的环境造成了较多的负面影响。

世界范围内，像澳大利亚这种自然环境遭遇严重破坏的事例，并不在少数。例如，我国的近邻蒙古国，国土面积的 90% 曾是草原，这里是世界上最大的草原之一，拥有着广袤、壮阔的自然风光，生活着羚羊、野马、野牛、苍鹭等珍稀物种。近些年，蒙古国草原遭受了大面积破坏，70% 的草原发生了荒漠化。蒙古国降水量稀少，经济主要依靠畜牧业、采矿业，过度放牧、采伐和开矿严重威胁到草原的生态平衡，导致草原不断退化。

森林和草原不仅具有涵养水源、保持水土、防风固沙的作用，还能够净化空气、减缓全球气候变暖。澳大利亚和蒙古国分别是世界上森林和草原面积较大的国家，森林和草原资源的大幅减少，会对世界环境带来严重的影响。

森林和草原形成的生态系统内部结构复杂，各种因素互相制约、互相依赖，其稳定性和完整性是长期进化形成的，一旦遭到破坏，带来的损害是长期的、巨大的。因此，我们要保护森林和草原，保护草原生态。

四、保护濒危动植物

濒危动植物是指那些由于物种自身的原因或受到人类活动、自然灾害的影响，面临灭绝风险的野生动物和植物种类。濒危物种在生态系统中发挥着独特的作用，一些濒危物种还具有重要的经济价值。

濒危动植物是地球上的珍宝。它们的存在对维持自然界的生物多样性和生态平衡至关重要。不幸的是，由于滥采乱杀、栖息地的丧失、环境污染等原因，这些濒危动植物正面临着前所未有的生存危机。

1. 滥采乱杀

滥采通常指的是对植物资源的过度采集，如过度采集药材、木材或其他植物产品。这种行为往往会导致特定植物种群的减少，甚至可能导致某些物种的灭绝。例如，某些具有药用价值的植物被过度采集，致使它们在野外变得越来越稀少。

乱杀通常指的是对野生动物的非法狩猎和捕捉。一些人为了获取肉食、皮毛、骨骼等，大肆对野生动物进行捕杀，这样不仅威胁到野生动物的生存，也破坏了生态平衡，影响了食物链和生态系统的健康。

滥采乱杀会导致生物的遗传多样性的减少，这意味着物种的适应能力降低。在长期进化过程中形成的遗传变异对物种适应环境变化至关重要，当某个物种数量急剧减少时，其遗传多样性也会随之降低。此外，滥采乱杀还可能导致生态系统中竞争关系的改变，影响其他物种的生存。某些物种的缺失可能导致它们的天敌数量减少，也可能对其他物种产生压力。长期来看，这些改变可能导致生态系统功能严重退化。

2.栖息地的丧失

动物都需要一定的栖息地，它们可以在那里狩猎、觅食、繁殖、养育后代，不断扩大种群。但随着人类活动不断增多，这些自然栖息地的范围逐渐缩小，导致一些动物数量不断减少，成为濒危动物。另外，一些动物受到其他物种灭绝的影响，种群数量也在持续减少。

3.环境污染

环境污染对动植物的生长发育和繁殖具有十分不利的影响。例如，酸雨使土壤和河流、湖泊酸化，不但会导致一部分植物死亡，而且还会威胁河流、湖泊中的鱼、虾和贝类的生存。一些植物和海洋动物对有毒化学物质非常敏感，工业污染中的有毒化学物质可能使其整个种群灭绝。

我国是全世界 10% 动植物物种生存的家园，有一些物种已处于濒临灭绝的境地。近些年来，我国正不遗余力地保护和抢救这些珍稀濒危动植物，目前已有 300 多种濒危野生动植物物种实现恢复性增长，栖息、繁衍环境不断得以改善。其中，大熊猫保护是全球濒危物种保护的成功典范，大熊猫种群数量不断增多，受威胁程度的等级由"濒危"降为"易危"。

　　我们中小学生要在日常生活中对保护濒危动植物做贡献，比如，不乱扔垃圾、节约资源、宣传禁止购买和使用濒危动植物制品。最重要的是，我们要学会尊重自然，理解每一种生物都有其独特的价值。让我们共同努力，为濒危动植物创造一个更安全、更健康的生存环境。

五、维护生物多样性

生物多样性是指动物、植物、微生物与环境形成的生态复合体，以及与此相关的各种生态过程的总和。它包括生态系统多样性、物种多样性和基因多样性3个层次。

生物多样性对维持生态系统平衡，保障物种资源的持续性至关重要。每一种生物都在复杂的生态系统中扮演着独特的角色，当这个平衡被打破时，整个生态系统就会受到影响。例如，某种授粉昆虫种群数量减少，就会影响到植物群体的生长和繁殖，进而影响到依赖这些植物的其他动物。

土地和海洋的污染、气候变化和外来物种入侵等原因导致生物多样性丧失。为了维护生物多样性和保护地球生物资源，1992年6月1日由联合国环境规划署发起的政府间谈判委员会第七次会议在肯尼亚内罗毕通过了《生物多样性公约》，我国于1992年6月11日签署了这份公约，成为最先签署的国家之一。截至目前，《生物多样性公约》

共有 196 个缔约方，是全球签署国家最多的国际环境公约。缔约方大会则是《生物多样性公约》的最高议事和决策机制，每两年召开一次。

2021 年 10 月 11 日，《生物多样性公约》第十五次缔约方大会（COP15）在云南昆明召开，大会的主题是"生态文明：共建地球生命共同体"。这一主题，旨在倡导推进全球生态文明建设，强调人与自然是生命共同体，强调尊重自然、顺应自然和保护自然，努力达成公约提出的到 2050 年实现生物多样性可持续利用和惠益分享，实现"人与自然和谐共生"的美好愿景。

我国作为《生物多样性公约》最早的缔约方之一，根据国情，制定并及时更新国家战略、计划或方案。1994 年 6 月，颁布了《中国生物多样性保护行动计划》，使大量保护生态环境的活动有章可循。依据《中华人民共和国野生动物保护法》，破坏野生动物资源的犯罪行为会受到处罚。我国政府高度重视对生物资源的有效保护。2003 年 1 月，我国启动了濒危植物抢救工程，并建立总面积 458 平方千米的世界最大的植物园。此项工程中，用于收集珍稀濒危植物的资金为 3 亿多元，以秦岭、武汉、西双版纳和北京等地为中心建设基因库。为了拯救濒危野生动物，全国建立了 250 个野生动物繁育中心，专项实施大熊猫、朱鹮等七大物种拯救工程。

为了保护生物多样性，我国大力实施就地保护，兴建国家重点生态功能区、国家公园、自然保护区。国家重点生态功能区是指生态系统十分重要，关系全国或较大范围区域生态安全，但是目前生态系统有所退化，需要在国土空间开发中限制进行大规模、高强度的工业化与城镇化开发，以保持并提高生态产品供给能力的区域。我国现有大兴安岭森林生态功能区、长白山森林生态功能区、阿尔泰山地森林草原生态功能区、三江源草原草甸湿地生态功能区、黄土高原丘陵沟壑水土保持生态功能区、大别山水土保持生态功能区、三峡库区水土保持生态功能区、秦巴生物多样性生态功能区等多个国家重点生态功能区。

国家公园是由国家划定并管理的保护地，以保护具有国家或国际重要意义的自然文化资源及其依存的生态系统完整性和原生性为目的，兼有科研、教育、游憩和社区发展等功能，以实现有效保护和可持续利用的特定陆地或海洋区域。我国已设立三江源国家公园、大熊猫国家公园、东北虎豹国家公园、海南热带雨林国家公园、武夷山国家公园等。

自然保护区是指对有代表性的自然生态系统、珍稀濒危野生动植物物种的天然集中分布区、有特殊意义的自然遗迹等保护对象所在的陆地、陆地水体或者海域，依法划出一定面积予以特殊保护和管理的区域。我国的自然保护区分为自然生态系统类、野生生物类和自然遗迹类3大类。全国共建立了近3000个自然保护区，其中国家级自然保护区有近500个。

我国一贯高度重视生物多样性保护，将生物多样性保护上升为国家战略，推行一系列有力措施，取得显著成效。我国90%的陆地生态

系统类型和 74% 的国家重点保护野生动植物种群得到有效保护，300
多种珍稀濒危野生动植物野外种群数量得到恢复与增长。

　　中小学生要提高对生物多样性保护的认识，自觉做生物多样性保
护的倡导者、行动者、示范者。例如，积极传播保护生物多样性的知
识，做生物多样性保护的宣传员；不买卖外来入侵物种，不买卖、食
用或使用野生动植物制品，不破坏野生动物志生存环境；走进大自然，
参加爱鸟护鸟活动。

六、合理开发和利用自然资源

水、土地、森林、矿产等自然资源是人类的宝贵财富，对人类社会的生存和发展至关重要。合理开发和利用自然资源，能有效保护资源和生态环境。

在新时代的今天，我们要认识到，每一滴水、每一片森林、每一座矿山，都是大自然的无私馈赠，需要我们共同珍惜和保护。这不仅关乎生态环境稳定，更关乎人类社会的可持续发展。

我国自然资源的基本特点是：总量丰富，种类繁多，人均不足，相对短缺。我国已发现矿产 173 种，探明储量的矿种从十几种增至 162 种，矿产资源储量大幅增长，成为世界上少数几个矿种齐全、矿产资源总量丰富的大国之一。我国的矿产资源总量丰富，但人均占有量不足，大多数矿产资源人均占有量还不到世界平均水平的一半，我国的煤、石油、天然气人均资源量只及世界人均水平的 55%、11% 和 4%。

我国自然资源区域分布不平衡，存在数量或质量上的显著地域差异。例如，森林资源主要分布在大小兴安岭、长白山地区、横断山脉、雅鲁藏布江大拐弯地区和喜马拉雅山南坡、武夷山等东南林区；我国煤炭资源主要分布在山西，山西省煤炭资源的探明储量占全国总储量的 17%，人们把山西比作"煤海"；我国水资源南多北少，水能集中分布在四川、云南、贵州、广西、西藏 5 个省（自治区）；煤、铁、石油北方居多；有色金属矿、磷矿南方居多；我国铁矿资源丰富，以河北、辽宁、四川 3 省最多；有色金属矿产多分布在山东、内蒙古、江西、云南、广西等省（自治区）。

　　开发和利用自然资源可以创造就业机会，促进经济发展，增加国家和地区的财富，改善人民生活质量。由于我国人均自然资源少，资源分布不均，所以，合理开发和有效利用自然资源是我国的重要战略

之一。

　　合理开发和利用自然资源指的是以一种可持续的方式利用自然资源，确保资源的有效使用，同时保护环境。这有利于资源的可持续利用，也有利于维护生态系统的健康。

　　开发和利用自然资源时，我们必须考虑它们的再生能力，或提高对它们的使用效率。例如，在林业生产中，应采取科学的有计划砍伐和再植策略，确保森林资源不会被过度消耗。在农业生产中，采用滴灌系统可大幅度减少水的使用量。此外，广泛使用可再生资源，如太阳能和风能，可减少对非可再生资源（如化石燃料）的依赖。

第五章

做生态文明的践行者

环保袋

一、保护环境

小明放学回家时会经过一个小花园，这个花园里有多种花草树木，还有很多小鸟和昆虫。一天，他发现花园的一角堆了很多垃圾。这些垃圾不仅破坏了环境，还会对小鸟和昆虫造成伤害。于是小明开始收拾这些垃圾，他一边收拾，一边思考如何避免这种情况再次发生。

后来，小明与他的朋友们发起了"环保小卫士"活动，在社区宣传如何正确处理垃圾，并鼓励和组织家长参与环境保护活动。

保护环境并不是复杂的事情，我们可以从日常小事着手。在日常学习、生活中，我们要节约用纸。因为一部分纸是由木材制成的，纸张消耗越多，树木的数量减少就越多。节约用纸可以从点滴做起，如可以双面打印文件；用过的纸张可以反面利用；合理用纸，拒绝过量使用抽纸、厕纸等；多使用手帕，少使用纸巾等。

我们要尽可能少地使用塑料袋，多使用环保袋。全球每天要消耗数亿个塑料袋，这些废弃塑料袋会对土壤和水源造成污染。国家相关部门为了推进塑料污染治理工作，在直辖市、省会城市、计划单列市城市建成区的商场、超市、药店、书店等场所，餐饮打包外卖服务以及各类展会活动中，禁止使用不可降解塑料购物袋；同时，全国禁止生产和销售一次性塑料棉签、一次性发泡塑料餐具，全国餐饮行业禁止使用不可降解一次性塑料吸管。为了保护环境，我们应减少塑料袋的使用，出门常备布袋或可重复利用的购物袋。同时，尽量少使用塑料吸管。

我们要少用一次性物品。我们点的外卖里面有一次性筷子、一次性餐盒，我们喝果汁饮料使用一次性吸管……如果我们每周把自己使用的筷子、吸管、纸杯、食品包装、快递盒、塑料袋等一次性物品收集起来，数量会十分惊人。然而完全避免使用一次性物品比较困难，但是我们可以少用一次性物品，比如点外卖的时候可以不要一次性筷子、勺子、叉子、手套；降低点外卖的频率，自己学习做饭等。如果我们无法拒绝一次性物品，用完一样东西后暂时不要扔掉，以留作他用，来延长其使用寿命。

在节日来临时，我们可以用手工艺品替代购买的礼物，这样不仅能减少包装废物，还能展示我们的创造力和对收礼物人的心意。在户外活动时，我们可以捡起路边的垃圾，保持自然环境的清洁。这些行动虽小，但也是有意义的。

通过这些简单的举措，我们不仅能够为保护环境做出贡献，还有助于建立更加环保的生活环境。这样的生活环境将会鼓励更多的人加入我们的行列，一起保护环境。

二、节约能源资源

周末，小华和朋友去附近的山上露营。傍晚的时候，他们开始搭帐篷，小华拿出了一支太阳能手电筒。这支手电筒是利用太阳能来充电的，很环保、便利。他们搭好帐篷后，几个人聊起了节约能源的话题。

随着人类科学的进步，人们生活水平的提高，人们对能源、资源的消耗也快速增多，致使能源、资源日益短缺。为了解决这些问题，人们想了很多办法，例如利用太阳能、核能等。其实，节约能源资源，才是最有效、最容易实现的好方法。

现实中，我们每个人都可以通过一些简单的小窍门来节约能源、资源，降低家庭能耗，为可持续发展做出贡献。具体做法如下：

将家里的传统白炽灯泡更换为 LED 灯泡或节能灯泡。这些灯泡使用更少的能量，寿命更长，能够提供同样明亮的照明效果。合理利用自然光和日光。白天光线良好的情况下，尽量不开灯，利用自然光线，打开窗帘或窗户，让阳光充分进入室内。此外，减少使用人工照明，也可以帮助降低能源消耗。

节能小妙招

随手关灯

节能灯

购买和使用节能电器。电器上的"中国能效标识"能直观地显示家电产品的能源效率等级：等级 1 表示产品节电已达到国际先进水平，能耗最低；等级 2 表示产品比较节电；等级 3 表示产品能源效率为我国市场的平均水平；等级 4 表示产品能源效率低于市场平均水平；等级 5 是产品市场准入指标，低于该等级要求的产品不允许生产和销售。购买和使用能效等级 1 和 2 的电器最省电。

及时关闭不使用的电器，定期维护电器。因为许多电器在待机状态下仍然消耗能量，所以，不使用该电器时，我们要将其完全关闭，或者将电源插座断电。定期清洁和维护电器，例如清理冰箱内的冰块和冰箱背后的灰尘，清洗洗衣机的过滤器，定期清洁空调滤网，这样可以确保设备正常运行，提高能效，减少能源浪费。

我们在夏季和冬季要合理使用空调，选择适当的温度。夏季，空调开启制冷时，温度每调高 1℃，能节电 7% 左右，所以空调开的温度高一些，耗电量会下降。夏季把空调调至 26℃，不但人会感觉比较舒服，而且还省电。冬季室内空调温度最好调到 20℃，这样室内温度不会过热，还能避免空调超负荷工作。当空调制热时，空调温度每调低 2℃，空调就可以节电 10% 左右。

我们在生活中要合理利用纸制品。信封、公文袋可以重复使用；用电子邮件代替纸质信函；减少一次性纸杯的使用，尽量使用自己的水杯；多用手帕擦汗、擦手，减少卫生纸、面巾纸的使用。

我们要养成节约用水的好习惯。洗脸、刷牙的时候，不要一直开着水龙头；洗菜的水可以收集起来，用来浇花，也可以用来冲厕所；使用洗衣机洗衣服时，水位要根据衣服的数量来定，如果只有几件衣服，就将水位调到最低；淘米水不要随意倒掉，可用来浇花、洗菜或洗碗；面条汤、水饺汤可用来洗刷碗筷；买的瓶装矿泉水不要喝了一半就丢弃，一定要喝完。

我们节约能源资源，可以降低不必要的能源消耗，减小对环境的污染和破坏；可以降低对能源资源的需求，减少对大自然的额外负担。通过节约能源资源，还可以减少燃料费、电费等支出，降低生活成本。

　　节约能源资源对个人、社会、环境都具有重要的意义，是我们每个人的责任。我们在日常生活中应尽力节约能源资源，争当保护生态环境的小卫士，为降低碳排放做贡献。

三、践行绿色消费

最近，学校举办了一场环保活动，林悦对绿色消费产生了浓厚的兴趣。周日，林悦和爸爸去购物，她要买一些苹果，店员称好后，准备给她装袋，林悦说："我用自己的布袋装，这样可以减少使用一个一次性塑料袋。"爸爸赞同林悦的做法，并且很自豪地说："你真棒，你是一个有责任感的绿色消费者。"

那么，什么是绿色消费呢？绿色消费，又称可持续消费，是指一种以适度节制消费，避免或减少对生态环境的破坏，崇尚自然和保护生态等为特征的新型消费行为和方式。绿色消费倡导"绿色生活，环保选购"，它有三层含义：一是选择未被污染或有助于公众健康的绿色产品；二是追求健康和生活舒适的同时，注重环保，节约资源和能源，实现可持续消费；三是在消费过程中，注重对垃圾的处置，不造成环境污染。

绿色消费看似"高大上"，实则门槛并不高。在网络社交平台，我们可以分享自己的环保小妙招，影响更多对此感兴趣的人。我们每个人衣食住行中的一些小举动都能做到绿色消费。

衣着方面：我们要拒绝动物皮草，多选择棉麻面料的衣物，因为在生产皮草的过程中会产生有害的化学物质，给人类和环境带来巨大的伤害。尽量减少衣服的干洗次数。因为干洗衣服时会使用四氯乙烯等有机洗涤剂，排放的气体、废水、垃圾会带来环境污染，尤其四氯乙烯具有挥发性，在阳光的作用下，分解成的氯化氢、三氯乙酸等化学物质，都是雾霾的成分。

食物方面：我们要多选择应季蔬菜。应季蔬菜采用陆地种植方式，比温室栽培的反季节蔬菜的碳排放要少很多，而且应季的蔬菜使用的肥料和农药更少。在餐馆用餐时，根据自己的食量点菜，避免浪费。如有剩余的饭菜，要打包带走，减少食物浪费。在家中制订合理的食物采购计划，避免食材过期。合理储存和处理剩余的食物，尽量减少食物浪费。培养珍惜食物的习惯，不挑食、不浪费。积极参与"光盘行动"，节约食物，这样不仅可以改善自己的生活质量，还可以为保护环境、促进可持续发展做出贡献。

居家方面：装修房子时尽量选择环保材料；在装修施工过程中，除了节电、节水、节气之外，还要注意资源的回收和再利用，这样可以大幅减少材料浪费、节省施工成本。居家生活时要进行垃圾分类收集，这样有利于提高垃圾回收利用率，减少垃圾中重金属、有机污染物、致病菌的含量；循环利用废旧物还可以节省资源，营造绿色环境；

购物时尽量携带环保袋，用便携环保餐具自带食物或者购买饮料。

出行方面：我们可根据出行距离来选择相应的出行方式，即 1 千米内尽可能选择步行，3 千米内尽可能选择骑自行车，5 千米内尽可能乘坐公共交通工具；5～50 千米的中距离出行，可乘坐地铁、公交车或新能源车；长距离出行，可乘坐城际列车、火车。

每次我们做出绿色消费选择，都能减少垃圾和污染。每一个小小的举动，都是我们为了拥有一个更绿色、更健康的地球所做的贡献。绿色消费是消费新时尚，吸引和感染着越来越多的人，我们也要积极践行绿色消费行为，让它成为我们的主动选择和生活常态。

四、选择低碳出行

学校开启了一项名为"绿色出行挑战"的活动，鼓励学生们尝试以更环保的方式出行。莉莉和笑笑参加了这个活动，她们一起制订了一个计划，尝试不同的低碳出行方式：第一天，她们选择步行上学；第二天，她们选择搭乘公交车；第三天、第四天，她们拼车上学，莉莉的妈妈和笑笑的爸爸轮流接送她们；第五天，她们选择骑共享自行车上学。

低碳出行就是一种降低"碳"的出行方式，即在出行中，主动采用能降低二氧化碳排放量的交通方式。低碳出行既节约能源、提高能效、减少污染，又有益健康、兼顾效率。所以，我们要多步行、骑自行车，多乘坐公共汽车、地铁等公共交通工具，多尝试合作乘车、乘坐环保车辆。

步行不仅有益于身体健康，还能减少碳排放。步行能够增强心肺功能，加快血液循环，增强肌肉力量，降低患心脑血管疾病的风险。

此外，步行还有助于缓解压力，改善睡眠质量，提高工作、学习效率。对于中小学生来说，步行是一种非常适合的锻炼方式。选择步行可以减少乘车出行，能够大大降低碳排放，减少空气污染。因此，多步行不仅能锻炼身体，还能为环保事业出一份力。

骑自行车是一种环保、经济且有益健康的低碳出行方式。相比开汽车或骑摩托车，骑自行车不产生有害废气，有助于改善空气质量，减少城市的交通拥堵，对减少碳排放和保护环境具有重要意义。骑自行车可以大大降低通勤和出行的成本，无须购买燃料，也不用担心停车费用。骑自行车只有一次性的自行车购买和基本维护的成本，相比其他出行方式更经济。骑自行车是一种出色的有氧运动，可以增强心肺健康、提高体力，并有减脂的作用。

据数据显示，城市大气中一氧化碳、氮氧化物和氮氢化合物等污染微粒，大多来自汽车尾气。解决城市污染问题的当务之急是大力发展城市公共交通。在城市中，如果乘坐公共交通的人增多，一氧化碳和氮氢化合物的排放量就可以降低。同时，乘坐公共交通工具比乘坐小汽车出行，平均每人每年减少 4.1 千克氮氢化合物、28.6 千克一氧化碳及 2.3 千克氮氧化物排放。一辆公共汽车约占用 3 辆小汽车的道路空间，但是它在上下班高峰期的运载能力是小汽车的数十倍，既降低了人均乘车排污率，也提高了出行效率。地铁的运客量是公交车的几倍，耗能和污染更低。

合作乘车就是我们日常说的"拼车""搭顺风车"，现在邻里、朋友间搭个便车或者发个顺路行程成为低碳出行新风尚。通过拼车、搭顺风车推动合乘，可以提高道路使用率，疏解早晚高峰拥堵等现象，是改善城市出行结构的良好选择。通过拼车、搭顺风车，减少或替代个体私家车出行，能有效实现碳排放减量，大家共同行动起来，就能铸就一座绿色出行里程碑。

　　燃油汽车是温室气体排放源之一，它还会造成噪声污染，破坏人体健康和生态环境。纯电动汽车不但零排放、零污染，十分环保，而且噪声小。所以，我们可以多乘坐电动汽车出行。

　　地球是我们共同的家园，环境与我们的生活息息相关，践行低碳出行是我们的共同责任。为了我们生活的家园更加美好，环境更加优美，低碳出行，从我做起！

五、分类投放垃圾

一天，老师给同学们上垃圾分类课，并给每个小组发了不同颜色的垃圾桶：蓝色垃圾桶收集可回收垃圾，如塑料瓶和纸张；红色垃圾桶收集有害垃圾，如废电池和过期药品；绿色垃圾桶收集厨余垃圾，如剩饭剩菜；灰色垃圾桶收集其他垃圾，如砖块、碎瓷器。

艾米和同学上完课后，对班级的垃圾进行了分类。他们首先检查每件垃圾，确定它是什么材料做的，是否可以再次利用，或者是否对环境有害，然后再决定将它放在哪个桶里。

垃圾分类是指按照一定的规定或标准将垃圾分成不同种类，以便更有效地回收利用和处理。常见的垃圾分类方法有以下4种。

可回收物：这类垃圾包括纸张、塑料、玻璃、金属和布料等。这些物品可以通过回收重新利用，减少资源浪费。

有害垃圾：这类垃圾包括废电池、过期药品、油漆、灯泡等，它们含有对人体或环境有害的化学物质，需要特别处理，以防止污染。

　　厨余垃圾：包括剩菜剩饭、蔬菜水果、茶叶渣等与食物相关的垃圾。这些可以进行生物降解，常用于堆肥，变成肥料。

　　其他垃圾：这类垃圾包括砖瓦陶瓷、卫生纸、一次性塑料袋等难以回收的材料。这些垃圾通常被送往填埋场或焚烧厂处理。

　　正确进行垃圾分类有助于减少对环境的污染，同时可以提高资源的回收率。对于中小学生来说，学习垃圾分类是践行生态文明理念的具体体现。

　　我们在对垃圾分类投放前，一定要注意以下几点：①纸类应尽量叠放整齐，避免揉团；②瓶罐类物品应尽可能将里面的东西清理干净后投放；③厨余垃圾应做到袋装、密闭投放；④塑料制品的瓶子捏扁后放入垃圾箱。

　　投放垃圾时应按垃圾分类标志的提示，将垃圾投放到指定的地点和垃圾桶里。投放垃圾时应注意轻放，废灯管等易破损的有害垃圾，

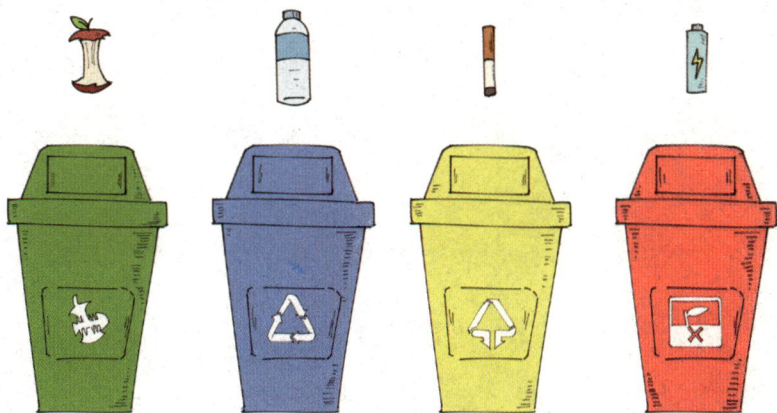

应当连同包装或包裹后投入到垃圾桶中；废弃药品应连同包装或包裹好后一并投放；杀虫剂等压力罐装容器，应排空内容物后投放；在公共场所产生的有害垃圾且未发现对应收集容器时，应携带至有害垃圾投放点妥善投放。投放垃圾后要盖好垃圾桶盖，避免食物等垃圾因日晒雨淋而变质发臭，招引苍蝇蚊虫，影响环境。

除了以上这些，我们更应该注意减少垃圾的产生：学习中尽量节约纸张；就餐尽量不要使用一次性餐具和纸巾；平时购物自带环保购物袋，不用塑料袋；旅游时自带可重复使用的杯子、洗漱用品；不随意扔掉食物，减少食物浪费。

垃圾分类看起来简单，但做起来并不是那么容易。有些我们不确定如何投放的垃圾，可以询问家长或者老师。垃圾分类关系到我们每个人的生活，为了我们美好的家园，我们要提高垃圾分类意识，做好垃圾分类。

六、参加环保活动

为增强学生的环境保护意识，某中学举办了"环保实践，我参与，我快乐"主题活动。在主题活动中，老师为同学们讲解了大气污染、水污染、土壤污染、垃圾分类等知识，同时宣传绿色低碳生活和参与环保实践的重要性与必要性。周末，老师还组织学生开展"践行环保，清洁海洋"活动，在海边捡拾垃圾。

参加环保活动可以提高中小学生对环保的认识，促进他们参与环保行动；参加环保活动，如清洁环境、植树造林等，可以改善环境状况，创造一个良好的生态环境。中小学生可以参加以下活动，积极成为环保小卫士，做生态文明小标兵。

1. 环保宣传

中小学生可以积极参加社区、学校组织的环保宣传活动，宣传低碳环保、循环利用的绿色理念，宣传垃圾分类，传播环保的重要意义。在环保宣传活动中，还有助于强化中小学生保护环境、绿色低碳的理念。

2. 植树活动

植树是一种有效的环境保护方式，通过种植树木可以改善空气质量、维护生物多样性、防止水土流失，同时也能美化环境。中小学生可以参与学校组织的植树日活动、社区植树项目或政府组织的植树活动。通过参与植树，学生不仅可以学习到种植树木的知识，还能增强环境保护的意识和责任感。

3. 参与河岸与海滩清洁

河岸或海滩上的垃圾，如塑料瓶和包装袋，若不清除，会对水生生物造成伤害并影响水质。因此，参与河岸与海滩清洁是一项有益的环保活动。可以通过这些活动宣传建设生态文明的重要性，倡导公众保护水域环境。

在活动中，我们还可以观察并记录河流或海滩的生态状况，了解水质和生物多样性状况。我们可以通过加入当地环保组织、参加学校或政府机构的活动来参与河流和海滩清洁。这样的参与不仅能为环境保护做出贡献，还能增强我们对环境保护重要性的认识。